LA GESTIONE STRATEGICA DELLE IMPRESE INDUSTRIALI

Brembo è un'impresa leader mondiale nel settore della componentistica per automobili. La missione con cui la Brembo ottiene il consenso dai suoi interlocutori sociali, è quella di offrire l'immagine di un'impresa non inquinante, che non sfrutta niente e nessuno, un'impresa "pulita in un mondo di qualità", che si esprime non solo nella bontà dei prodotti ma anche negli atteggiamenti e nelle azioni verso l'ambiente circostante. È questa vocazione la base di partenza per attivare tutte le strategie centrate su alcuni valori-chiave posti a guida dell'impresa. Così il management ha individuato, in corrispondenza di tre aree di riferimento (dipendenti, fornitori e clienti), tre differenti gruppi di valori.

L'atteggiamento verso i dipendenti ("i veri protagonisti del cambiamento") è stato quello di ingenerare orgoglio d'appartenenza, impegno, lealtà, ascolto e spirito di squadra. Nei fatti, ciò si è tradotto in una maggiore consapevolezza da parte di ciascun dipendente e in una maggiore motivazione ad eseguire bene ogni compito assegnato.

I valori rivolti ai fornitori (etica, trasparenza, partnership) sono stati orientati in modo da far percepire ai "compagni di squadra" che è importante crescere insieme e insieme ottenere risultati importanti. Il concetto fondamentale è quello di costruire un rapporto basato sull'affidabilità del fornitore sia in termini di qualità delle materie ordinate, sia di puntualità nelle consegne. Per i clienti ("la ragion d'essere dell'impresa"), la struttura organizzativa è stata architettata in modo da renderli soddisfatti di aver scelto un prodotto Brembo. Per questo, attraverso un ascolto attento delle loro esigenze, l'impresa cerca di interpretare non solo i bisogni attuali, ma anche quelli latenti.

L'orientamento strategico perseguito è saldamente focalizzato sul *core business*, dove la Brembo può capitalizzare al meglio la propria cultura, le proprie competenze e le proprie risorse. Le strategie perseguite mirano quindi a raggiungere congiuntamente vantaggi competitivi sia di costo sia di differenziazione e s'innestano sulla seguente formula imprenditoriale: capacità di gestire economicamente la produzione, garantendo al mercato tempi di risposta rapidi e costi competitivi grazie all'elevata flessibilità nella struttura organizzativa, all'efficienza degli impianti e alla complicata ingegnerizzazione dei processi produttivi; forte politica del marchio e diffusione dell'immagine Brembo attraverso la costante presenza in tutte le competizioni della Formula uno; elevata qualità del servizio offerto al cliente, non solo nelle prestazioni tradizionali, ma anche nella disponibilità a risolvere i problemi legati agli aspetti tecnici del montaggio dei freni che le imprese automobilistiche via via le sottopongono; forte vocazione all'innovazione realizzata con consistenti investimenti in ricerca e sviluppo.

1. Qual è l'atteggiamento della Brembo nei riguardi di ciascun gruppo di soggetti coinvolti nell'attività aziendale?

2. Quali sono le scelte e le azioni strategiche compiute dalla Brembo e quali vantaggi competitivi le hanno permesso di ottenere?

3. Su quali aree strategiche d'affari hanno fatto leva i dirigenti per far acquisire alla Brembo una posizione di

leadership?

1. La Brembo, nei riguardi dei dipendenti, ha un atteggiamento di ingenerare orgoglio d'appartenenza, impegno, lealtà, ascolto e spirito di squadra; ai fornitori sono rivolti valori orientati a farli sentire "compagni di squadra"; verso i clienti, la struttura organizzativa è stata architettata in modo da renderli soddisfatti di aver scelto un prodotto Brembo.

2. Le scelte e le azioni strategiche della Brembo sono focalizzate sul core business e le hanno permesso di ottenere vantaggi competitivi, sia di costo sia di differenziazione.

3. I dirigenti per far acquisire alla Brembo una posizione di leadership hanno fatto leva sulle seguenti aree strategiche d'affari: capacità di gestire economicamente la produzione, garantendo al mercato tempi di risposta rapidi e costi competitivi grazie all'elevata flessibilità nella struttura organizzativa, all'efficienza degli impianti e alla complicata ingegnerizzazione dei processi produttivi; forte politica del marchio e diffusione dell'immagine Brembo attraverso la costante presenza in tutte le competizioni della Formula uno; elevata qualità del servizio offerto al cliente, non solo nelle prestazioni tradizionali, ma anche nella disponibilità a risolvere i problemi legati agli aspetti tecnici del montaggio dei freni che le imprese automobilistiche via via le sottopongono; forte vocazione all'innovazione realizzata con consistenti investimenti in ricerca e sviluppo.

L'IMPRESA-VALORE

L e economie dei Paesi post-industrializzati si caratteriz-
zano per la presenza di forme di mercato contendibili,
dove la concorrenza è particolarmente accesa, perché è in
pratica assente qualsiasi barriera in grado di impedire ad altre
imprese l'ingresso nello stesso segmento d'attività.

*La turbolenza di una tale situazione ambientale condiziona notevol-
mente l'operare di ciascun'impresa* la quale, per sopravvivere e crescere, è costretta a creare costantemente nuovo **valore economico**
in grado di soddisfare le attese dei soggetti portatori d'interessi
interni ed esterni (*interlocutori*) che, sia pure con diversità d'in-
tenti, ruotano intorno all'organismo azienda.

La **creazione del valore** (*per gli azionisti in termini di dividendo e
di* **capital gain**, *per i lavoratori dipendenti in termini di retribuzioni
adeguate e di gratificazioni morali, per i clienti in termini di soddisfazione ricavata dai prodotti acquistati ecc.*) costituisce il **fine istituzionale**; contemporaneamente il **valore** rappresenta il **mezzo**
attraverso il quale le imprese ottengono un **vantaggio competitivo** sulle imprese concorrenti, e innescano un circolo virtuoso
che porta al successo.

Capital gain

Termine con cui s'indica il guadagno in conto capitale, che si con-
segue con la vendita di titoli effettuata a prezzi superiori a quelli

di acquisto.

L'impresa *che vale* opera nell'ambiente in cui vive con una propria **missione** (*mission*), costituita sia da un *credo importante*, come per esempio le categorie di soggetti su cui concentrare la propria attenzione, sia da *obiettivi* da realizzare.

La **missione** *è il mezzo con cui l'impresa esplicita e comunica, ai suoi interlocutori, in che cosa vuole essere identificata e quale immagine vuole offrire di sé e dei suoi prodotti.*

La missione è diversa da impresa ad impresa, secondo le differenti motivazioni che hanno portato ad effettuare certe scelte piuttosto che altre.

Se tali scelte costituiscono l'idea vincente, *l'impresa si qualifica nell'ambiente economico e sociale*, offrendo ai suoi interlocutori, anche attraverso degli *slogan*, la percezione di ciò che essa e i suoi prodotti/servizi rappresentano.

Esempi di missioni aziendali note ai consumatori sono: "Siamo impegnati a creare valore per i nostri azionisti attraverso il continuo miglioramento della posizione di costo e della qualità dei prodotti e dei servizi offerti ai nostri clienti" (ENI); "eccellenza nell'ideazione, produzione, distribuzione di montature per occhiali da vista e da sole" (Safilo); "stiamo ricercando il giusto equilibrio tra le nostre responsabilità ambientali, economiche e sociali" (gruppo Ciba Italia).

LE SCELTE IMPRENDITORIALI

L a realizzazione della missione dipende dall'impostazione imprenditoriale, ossia dalle scelte che chi governa l'azienda effettua riguardo:

- *Al sistema degli interlocutori sociali con cui interagire;*

- *Al sistema delle proposte progettuali*, vale a dire le *prospettive* offerte agli interlocutori e i *contributi* a loro richiesti;

- *Al sistema competitivo in cui operare;*

- *Al sistema di prodotto/servizio*, relativo alle caratteristiche dei prodotti e dei servizi offerti e alle politiche di prezzo praticate;

- *Alla struttura aziendale intesa in senso lato.*

INTERLOCUTORI SOCIALI

Il **sistema degli interlocutori sociali** riguarda la scelta dei soggetti con cui l'impresa vuole cooperare e il tipo di rapporto che con loro vuole instaurare.

Sono interlocutori sociali dell'impresa i soci, le istituzioni (Stato, enti locali ecc.), i lavoratori dipendenti, le banche e così via.

PROPOSTE PROGETTUALI

Le **proposte progettuali** sono i programmi che l'impresa vuole attuare, la cui realizzazione implica l'approvazione o il consenso degli interlocutori sociali ai quali è richiesto un determinato contributo.

Ogni proposta progettuale è diversa secondo le circostanze e dal soggetto cui è rivolta; per esempio nel caso di richiesta di mezzi finanziari l'impresa può rivolgersi a nuovi soci, i quali potranno conferire capitali di rischio, oppure ad altri soggetti come le banche, presso le quali si noterà una richiesta di fido.

In ogni caso la specifica proposta progettuale deve offrire *prospettive di ricompensa remunerative*, tali da assicurare l'appoggio e il consenso del soggetto cui è rivolto.

La richiesta di nuovi capitali di rischio sarà soddisfatta solo se gli interlocutori intravedono adeguate *prospettive di rendimento*, così come la banca concederà il fido richiesto solo se prevede che l'impresa sarà in grado di pagare gli interessi alle date fissate e di *restituire* puntualmente le somme erogate.

SISTEMA COMPETITIVO

Il **sistema competitivo** è il mercato in cui l'impresa opera o intende operare, nel quale, instaurando rapporti con i clienti, con le imprese concorrenti e con i fornitori, deve trovare una propria specifica posizione competitiva (*posizione*) e definire un proprio vantaggio competitivo da realizzare.

SISTEMA DI PRODOTTO/SERVIZIO

Il sistema di **prodotto/servizio** concerne le scelte $-3concernente le caratteristiche *qualitative, quantitative* e di *prezzo* dei prodotti e dei servizi offerti sul mercato; tali scelte dipendono:

- Dalla fascia di *clientela da servire*;

- Dalle *caratteristiche* tangibili e intangibili che l'impresa intende dare ai prodotti/servizi offerti così da renderli appetibili ai consumatori;

- Dal *patrimonio conoscitivo*, ossia dall'insieme delle conoscenze e delle esperienze sia in campo tecnologico, sia in campo della gestione di cui l'impresa è dotata.

DIVIDE AZIENDALE

Le scelte circa la **struttura aziendale**, intesa in senso generale in modo da ricomprendere sia i meccanismi operativi, sia le risorse materiali e immateriali di cui l'impresa dispone, riguardano:

- L'aspetto tecnico-organizzativi (come per esempio i modelli organizzativi prescelti);

- Gli *aspetti più propriamente della gestione* (come per esempio la struttura patrimoniale e finanziaria, i rapporti commerciali, le scelte direzionali).

LE STRATEGIE AZIENDALI

C iascun'impresa nasce e si sviluppa con una propria impostazione imprenditoriale (o formula imprenditoriale) frutto delle esperienze acquisite e delle decisioni con le quali persegue la sua missione.

Pur seguendo generalmente una medesima finalità, *ogni impresa utilizza una sua specifica formula imprenditoriale*, ossia compie un insieme di **scelte strategiche** differenti in grado di imprimere precisi caratteri distintivi alla sua attività.

*La **strategia** è l'insieme delle scelte e delle azioni ritenute più idonee, riguardo alle risorse e ai mezzi disponibili, attraverso le quali l'impresa persegue una posizione di leadership in conformità alla missione prefissata.*

Affinché si ottenga il risultato desiderato, occorre tuttavia che le scelte riguardanti l'impostazione imprenditoriale siano *coerenti* con gli obiettivi da raggiungere, in modo da formare un'**unica formula imprenditoriale**.

STRATEGIE SOCIALI

Le scelte riguardanti il *sistema degli interlocutori sociali* e le *proposte progettuali* esprimono la *posizione sociale* dell'impresa che è raggiunta attraverso precise **strategie sociali** (o istituzionali) *volte ad ottenere dalle forze economiche, politiche e sociali i consensi, le risorse e gli appoggi necessari per attuare le strategie competitive prescelte.* La *strategia sociale* riguarda la definizione dei *contributi* che l'impresa richiede ai suoi interlocutori, primi fra tutti i lavoratori dipendenti portatori d'energia lavorative e i prestatori di capitali di rischio (soci) detentori di mezzi monetari; la definizione delle *ricompense* e delle *remunerazioni* che l'impresa intende offrire in cambio dei contributi richiesti; delle **politiche di comunicazione** e *d'interazione* con i soggetti coinvolti nella vita dell'impresa e in generale, con tutti i membri della collettività in cui sono inseriti.

Politiche di comunicazione

Insieme delle azioni e degli strumenti con cui l'azienda si presenta all'esterno (pubblicità, promozioni, pubbliche relazioni, bilancio d'esercizio) e al suo stesso interno (coinvolgimento dei dipendenti).

La **strategia sociale** *comprende tutte le attività finalizzate sia a favorire i rapporti con il personale dipendente, sia ad ottenere un giudizio etico corretto da parte della collettività e/o dei suoi gruppi più rappresentativi* (*stakeholders* esterni quali ambientalisti, animalisti, pacifisti). Imprese che non adottano comportamenti in sintonia con il *giudizio etico e morale corrente* (sfruttamento del lavoro minorile, danneggiamento dell'ambiente, inquinamento ecc.) può essere oggetto di boicottaggi di massa che, di fatto, riducono i ricavi di vendita e fanno perdere attendibilità al marchio (*brand*) che potrebbe essere sancito dal mercato.

La strategia sociale è fortemente influenzata dalla configurazione dell'assetto istituzionale esistente e, in particolare, dalla *visione* del vertice aziendale riguardo alla gestione dei rapporti con il personale dipendente e con l'ambiente esterno.

Diverso è, per esempio, il modo di gestire i lavoratori dipendenti da parte di un imprenditore che adotta uno *stile democratico e partecipativo*, rispetto ad un imprenditore che invece ritiene maggiormente valido uno *stile autoritario*.

Le scelte strategiche effettuate nell'ambito istituzionale influiscono in maniera caratteristica sulla **struttura aziendale** che, in un certo senso, è l'elemento d'*unione* tra il *ruolo sociale* e il *ruolo competitivo* dell'impresa.

Attraverso la propria struttura patrimoniale-finanziaria (intesa come composizione degli impieghi e delle fonti di finanziamento), il modello organizzativo utilizzato e i meccanismi di coordinamento e di controllo, *l'impresa esprime la sua proposta progettuale, offrendo agli interlocutori sociali determinate garanzie di remunerazione, redditività, solidità, stabilità e crescita economica.*

La realizzazione completa delle scelte nel sistema di prodotto/servizio è invece affidata alla struttura tecnico-produttiva, ossia alla conformazione del processo di fabbricazione e alle tecniche di produzione utilizzate, attraverso le quali l'impresa dota il suo prodotto di precise caratteristiche che lo distinguono sul mercato (*sistema competitivo*).

STRATEGIE COMPETITIVE

L'ottica di soddisfacimento delle attese dei diversi interlocutori sociali è quindi *integrata*, attraverso la struttura aziendale, con le scelte attinenti al *sistema competitivo* e con le scelte riguardanti le *caratteristiche distintive del prodotto*.

Queste ultime riguardano il "modo di essere" dell'impresa sul mercato, definiscono la sua posizione concorrenziale, ottenibile attraverso **strategie competitive** *tese a farle acquisire una posizione di leadership (vantaggio competitivo)*.

Nel definire una strategia competitiva l'impresa deve ricercare la massima coerenza tra:

- L'*atteggiamento da assumere nei confronti del mercato*, dove per raggiungere una propria posizione può attuare *azioni aggressive*, tendenti a *modificare la struttura del settore in cui opera*, oppure azioni *elusive*, tendenti ad *evitare un confronto diretto con le imprese concorrenti*;

- I *vantaggi competitivi ricercati*, perché per conseguire risultati economici soddisfacenti, superiori rispetto alla media del settore, l'impresa deve disporre di un vantaggio competitivo sostenibile. Sebbene ciascun'impresa possa avere diversi punti di forza e di debolezza nei confronti dei concorrenti, i vantaggi competitivi dei quali possono disporre possono essere sostanzialmente ricondotti a due categorie: *bassi costi* o *differenziazione*. Pur non potendo mai trascurare completamente né il livello dei costi né la differenziazione dei propri prodotti, ciascun'impresa deve compiere una serie di scelte che dia la priorità all'una oppure all'atra categoria di vantaggio competitivo.

Affinché una strategia produca buoni risultati, occorre che l'impresa sviluppi una *filosofia della gestione e organizzativa coerente*, idonea a realizzare gli indirizzi strategici prescelti; l'impresa è pertanto tenuta a stabilire come intende affrontare la concorrenza, come intende organizzare le attività generatrici di valore, quali rapporti instaurare con il personale dipendente, quali decisioni strategiche prendere a livello finanziario, tecnologico, di marketing e così via.

Per esempio, l'Erreuno, impresa produttrice d'abbigliamento, ha adottato una formula imprenditoriale semplice ma efficace: scegliendo di entrare nel *prêt-à-porter* con un'organizzazione improntata sulla valorizzazione delle risorse umane, è riuscita ad imporsi come una delle realtà di spicco italiane, proponendo abiti classici d'elevata qualità per un segmento di clientela medio-alto.

Lo stesso successo commerciale è stato ottenuto dal gruppo veneto Fashion Box, che è diventato invece protagonista nel settore dell'abbigliamento *casual*, producendo abiti sportivi e jeans, destinati ad un pubblico giovanile, non particolarmente facoltoso. Esso ha affidato la notorietà al suo marchio Replay, curando particolarmente l'organizzazione commerciale con una rete di negozi specializzati nella quale ha deciso di concentrare i maggiori investimenti.

LA GESTIONE STRATEGICA

L e strategie competitive rappresentano il fulcro intorno al quale ruota la formula imprenditoriale prescelta. **Strategico** è tutto ciò che produce **conseguenze importanti** per l'impresa, che ne investe l'**intera struttura**. *Un'azione strategica produce i suoi effetti nel lungo periodo sia in termini di competitività* (maggiore quota di mercato rispetto alle imprese concorrenti) *sia in termini di redditività* (più ampio margine d'utile rispetto alle imprese concorrenti); pertanto riguarda più periodi amministrativi.

Perciò, **gestire strategicamente** *un'impresa significa coordinare e indirizzare ogni ciclo della gestione* (*ciclo economico, ciclo tecnico, ciclo finanziario e ciclo monetario*) *verso la realizzazione dell'azione strategica prescelta seguendo un piano prestabilito.*

Il processo di **gestione strategica** è effettuato per gradi; è, infatti, necessario:

- Analizzare l'**ambiente** e il **mercato** in cui l'impresa opera, individuandone le *opportunità* o le *minacce*;
- Stabilire gli **obiettivi fondamentali** (*obiettivi generali*) da perseguire e definire l'**orientamento strategico generale**, vale a dire chiarire i valori che consentono alla

struttura organizzativa aziendale di compiere la sua *missione*;

· Individuare le **aree strategiche**, le **risorse** e le **azioni** più idonee a realizzare l'orientamento strategico prescelto.

Missione aziendale, orientamento strategico, ambiente circostante e *risorse* da utilizzare al fine di attuare le azioni idonee a realizzare l'orientamento strategico sono *strettamente collegati*. I cambiamenti che intervengono nell'ambiente esterno possono poi indurre ad una riconsiderazione della missione aziendale, così come l'inadeguatezza delle risorse disponibili può portare a modificare le strategie prescelte.

Definito l'orientamento strategico e le aree d'attività coinvolte è necessario che la strategia sia *comunicata* e *condivisa* da tutte le persone che fanno parte dell'organizzazione aziendale, dai dirigenti fino al nucleo operativo.

Attraverso la *consapevolezza degli obiettivi*, definiti in maniera *chiara*, e la conoscenza del percorso prestabilito da seguire, è, infatti, possibile ottenere il coinvolgimento di tutto il personale e quindi la piena collaborazione nel prendere le "giuste" decisioni.

FORMALIZZAZIONE DELLE STRATEGIE

Le strategie prescelte devono infine essere formalizzate attraverso la **pianificazione strategica**, vale a dire la stesura di un *programma di medio-lungo periodo* nel quale sono individuati in maniera chiara e precisa gli *obiettivi* e le *politiche* da seguire (*i comportamenti*), le *procedure*, le *azioni* da svolgere e i *mezzi* necessari per raggiungere l'orientamento strategico stabilito.

Le *politiche* indicano i principi generali che l'impresa ritiene debbano essere osservati nello svolgimento delle singole attività aziendali; esse riguardano le diverse aree: si hanno pertanto politiche di marketing, politiche di gestione del personale, politiche finanziarie e così via.

ANALISI DELL'AMBIENTE ESTERNO

L'integrazione delle aree economiche e la contendibilità del mercato hanno reso l'ambiente economico sempre più *dinamico*, soggetto a repentini cambiamenti e quindi *difficile da gestire*. Tuttavia, affinché sia possibile definire una valida strategia, occorre proprio che *tali cambiamenti siano previsti, in modo da poter programmare le azioni e preparare i mezzi per sfruttare le opportunità o per superare gli ostacoli che possono frapporsi.*

OPPORTUNITÀ E MINACCE

Le **opportunità** costituiscono le occasioni favorevoli che l'impresa deve sfruttare; viceversa le **minacce** costituiscono i pericoli da fronteggiare.

Per esempio, costituiscono delle *opportunità* la scoperta di nuovi segmenti di mercato, la crescita della domanda aggregata che avviene in seguito ad una fase espansiva del ciclo economico, l'introduzione di nuove tecnologie che permettono l'abbattimento dei costi di fabbricazione. Sono invece *minacce* le fasi congiunturali recessive dell'economia, l'ingresso sul mercato di nuove imprese concorrenti e così via.

Ovviamente, le opportunità e le minacce assumeranno caratteristiche diverse secondo l'attività svolta dall'impresa.

Così, un'impresa che imposta la sua strategia sul contenuto tecnologico e sulla qualità dei prodotti, vedrà come una minaccia l'ingresso sul mercato di imprese in grado di inserire tecnologie sostitutive più efficienti, ma lo stesso non può dirsi per un'impresa che persegue strategie rivolte a ricercare la preferenza dei consumatori offrendo prodotti accompagnati da un'elevata qualità dei servizi offerti.

CONDIZIONAMENTI

Occasioni favorevoli oppure ostacoli da superare sorgono anche sul **condizionamento** che i fornitori e i clienti possono esercitare sull'impresa.

Ogni impresa che opera sul mercato è *condizionata* dalle proprie controparti operative, ma a sua volta, attraverso *azioni strategiche*, può *condizionare* i loro comportamenti. Tali condizionamenti favoriscono talvolta la nascita di vere e proprie *alleanze strategiche* tra più imprese, le quali stringono patti con l'obiettivo di superare difficoltà e/o di fronteggiare i rischi di mercato.

ALLEANZE STRATEGICHE

È un'alleanza strategica quella con cui più imprese pubblicitarie congiunte: imprese d'abbigliamento che raccomandano l'uso di determinati detersivi (Parental raccomanda Dash) o aziende produttrici di elettrodomestici che consigliano l'uso di un prodotto anti calcare (Candy e Calfort). In tutti questi casi le imprese condividono i costi pubblicitari e cercano di rafforzare la propria immagine associandola ad un partner di successo.

PREVISIONI

Negli anni passati, in condizioni di maggiore stabilità economica, le imprese hanno adottato un atteggiamento sostanzialmente passivo nei confronti del mercato, formulando previsioni di crescita in conformità a stime effettuate su dati storici; s'ipotizzava, infatti, che il futuro potesse essere uguale a ciò che già era avvenuto in passato.

Si attuava, in altri termini, una **previsione di tipo estrapolativo**, con la quale le imprese si limitavano semplicemente a proiettare nel futuro dati provenienti dal passato.

Ora, invece, l'elevato dinamismo del mercato non consente più un tale modo di operare.

Prevedere quanto accadrà in un futuro quasi lontano è difficilmente realizzabile; le condizioni che oggi avvengono sono sicuramente destinate a non ripetersi, perciò, più che effettuare estrapolazioni vere e proprie, si cerca di *intuire la direzione dei cambiamenti ipotizzati.*

In altre parole si cerca di *delineare una tendenza* nell'evoluzione del mercato, nel modo di agire dei consumatori, nell'evoluzione della tecnologia, nel cambiamento degli aspetti sociali/politici e così via. In tal modo, l'impresa assume un *ruolo attivo*, cercando di anticipare i mutamenti che potrebbero avvenire al fine di prendere le decisioni più opportune (**previsione di tipo strategico**).

LE AREE STRATEGICHE D'AFFARI

Per avere successo, occorre che la strategia produca un vantaggio competitivo, ossia che sia in grado di condurre l'impresa verso una posizione di eccellenza (impresa leader).

Per raggiungere una posizione di *leadership*, tuttavia, le imprese industriali non possono concentrare le loro risorse su tutte le attività generatrici di valore in uguale misura, ma sono costrette a scegliere una o più *unità di business* in cui specializzarsi, come un segmento particolare di mercato/utente, un particolare modo di vendere o anche una particolare tipologia di prodotti.

AREA STRATEGICA D'AFFARI

L'identificazione dei segmenti di mercato in cui l'impresa opera, dei prodotti e della clientela che serve, della tecnologia che utilizza, dei sistemi di distribuzione e di vendita di cui si avvale, consente di definire l'**Area Strategica d'affari** (**ASA**).

All'interno di ogni impresa coesistono più aree strategiche, ognuna formata da *un insieme organizzato di persone, risorse materiali e tecnologiche, con propri obiettivi strategici di produzione, vendita e profitto, conformi agli obiettivi strategici dell'impresa.*

Ciascun'area strategica può costituire un settore chiave da sviluppare e sul quale orientare le proprie azioni.

Secondo il *tasso di sviluppo delle vendite rapportate alla quota di mercato detenuta*, vi possono essere:

- **ASA ad alto tasso di sviluppo, con quote di mercato basse**; operano in settori ancora emergenti, con un mercato in evoluzione, caratterizzato da un elevato rischio; tali aree strategiche d'affari, occupandosi della produzione di beni in fase di lancio e con prospettive incerte, che richiedono ingenti finanziamenti, sono spesso in perdita, sostenendo costi superiori ai ricavi. In gergo tali aree strategiche d'affari sono denominate *children* (bambini) o *question marks* (punti interrogativi) perché presentano problemi di crescita e di incertezza dei risultati;

- **ASA ad alto tasso di sviluppo, con quote di mercato elevate**; operano in settori in fase di sviluppo, che dominano il mercato e presentano prospettive reddituali soddisfacenti. Tali aree strategiche sono definite *stars* (stelle);

- **ASA a basso tasso di sviluppo, con quote di mercato elevate**; sviluppano produzioni affermate, ma in settori maturi. Esse devono principalmente difendere le posizioni acquisite sul mercato, strategia che non richiede ingenti investimenti; sono quindi dotate di redditività e liquidità soddisfacenti e per tale motivo sono definite *cash cows* (mucche da mungere);

- **ASA a basso tasso di sviluppo, con quote di mercato basse**; operano in settori in declino, con un insoddisfacente equilibrio reddituale e finanziario, quindi con scarse prospettive di sopravvivenza durevole; sono definite *dogs* (cani).

Children	Stars
Strategia di sviluppo	Strategia di investimento
Dogs	**Cash cows**
Strategia di realizzo	Strategia di difesa

In un'ottica di **creazione del valore**, la scelta dell'area strategica d'affari da potenziare dipende dall'**EVA** (*Economic Value Added*), un indicatore che segnala gli investimenti in cui il rendimento del capitale utilizzato eccede il costo del capitale stesso. Saranno quindi sviluppate le aree strategiche d'affari che utilizzano risorse meno costose rispetto al rendimento da loro offerto, viceversa saranno eliminati i progetti che distruggono valore, ossia quelli in cui il costo del capitale eccede il rendimento.

Economic Value Added (EVA)

È un indicatore del valore aziendale basato sulla capacità dell'Area Strategica d'affari (ASA) di generare profitti, ossia di remunerare adeguatamente il capitale in essa investito.

L'ORIENTAMENTO STRATEGICO

L'orientamento strategico rappresenta la linea fondamentale seguita dall'organizzazione aziendale, rende evidente il ruolo assunto dall'impresa sul mercato, la sua immagine, i valori ritenuti importanti, la sua missione. Rappresenta, in altri termini, un insieme di idee-guida e di atteggiamenti che definiscono l'identità, effettiva o auspicata, dell'impresa riguardo:

- *Che cosa fare* (in termini di mercati da penetrare, prodotti da offrire e così via);
- *Perché fare*, ossia la specificazione dei fini e degli obiettivi generali;
- *Come fare*, vale a dire con quale struttura organizzativa e con quale filosofia imprenditoriale operare.

L'orientamento strategico è deciso dai *vertici aziendali* sia in relazione alle attese sui futuri cambiamenti del mercato, sia considerando le *risorse* disponibili e i *punti di forza* dell'impresa.

L'individuazione delle risorse di cui l'impresa dispone è preliminare alla definizione dell'orientamento strategico, il quale può essere perseguito se si hanno (o si prevede si avranno) le risorse necessarie per effettuare le scelte e le azioni stabilite.

I *punti di forza* o *fattori critici di successo* dipendono dal settore di attività in cui l'impresa opera; per esempio, per i profumi e cosmetici, possono essere considerati *punti di forza*, oltre alla qualità *del prodotto: il design, la confezione, il marchio* e, in generale, tutto ciò che è esteticamente bello e che induce all'acquisto d'impulso.

Per altri prodotti, i *punti di forza* possono invece essere rappresentati dall'*affidabilità*, dalle *caratteristiche tecniche* e *tecnologiche*, dal *prezzo*, dalla *puntualità delle consegne*, dall'efficienza del *canale distributivo*, dai *servizi* che l'impresa offre unitamente al prodotto, dall'*assistenza post-vendita* e così via.

I cambiamenti che avvengono sul mercato o più in generale nell'ambiente esterno conducono a una continua ridefinizione dell'orientamento strategico che, pur dal punto di vista della *creazione del valore come obiettivo fondamentale*, può essere modificato in seguito a *strategie di consolidamento* o a *strategie di sviluppo*.

EVOLUZIONE DEGLI ORIENTAMENTI STRATEGICI	
	Nel tempo si è assistito a un'evoluzione dell'orientamento strategico perseguito dalle imprese, così come è cambiato il fattore competitivo di mercato ritenuto dominante. Gli orientamenti strategici considerati *non sono però in contrasto*: il loro avvicendamento rappresenta per semplicità *l'esigenza delle imprese di procedere a una ridefinizione della filosofia della gestione al fine di poter acquisire una maggiore competitività sul mercato e quindi di creare le condizioni per la sopravvivenza e la crescita.*
Orientamento alla produzione e al prodotto	Si è sviluppato negli anni 1960, quando le imprese focalizzarono la propria attenzione sul *controllo delle materie prime*, sulla *capacità produttiva* e sulle *caratteristiche tecniche del prodotto offerto*. Le azioni strategiche erano mirate all'*abbassamento dei costi di produzione* e al raggiungimento di *economie di scala*; le aree strategiche d'affari ritenute più indicative erano rappresentate dalle attività di progettazione e di realizzazione di nuovi prodotti tecnologicamente migliori, incluse nella *funzione di produzione* e nella *funzione di ricerca e sviluppo*.
Orientamento alle vendite	Nella seconda metà degli anni 1970, quando l'economia ha attraversato una profonda recessione, l'attenzione delle imprese si è concentrata sulle *vendite*. Le imprese consideravano prioritario *saper vendere*, perciò il loro orientamento era rivolto a curare in maniera particolare le funzioni della *distribuzione* e del *marketing*.
Orientamento al mercato	Negli anni 1980, quando si sono trovate a operare in un mercato più complesso e difficile da controllare, l'attenzione delle imprese si è rivolta sul *come servire* e sul *come fidelizzare una certa categoria di clienti*: esse si sono specializzate perciò su un particolare *segmento di mercato*. Le strategie si sono sviluppate su due fronti, con azioni spesso interrelate: • La *conoscenza approfondita dei gusti e delle preferenze dei consumatori*; • La *pubblicizzazione della propria immagine e del proprio marchio*, fino a ingenerare nella mente dei consumatori *garanzia di sicurezza, affidabilità e serietà*.
Orientamento al cliente	Negli anni 1990 il fattore competitivo dominante diviene l'attenzione che le imprese dedicano al *cliente che è posto al centro di ogni attività e ogni processo della gestione*. Le imprese orientate al cliente (*customer oriented*) considerano la *soddisfazione del cliente* la loro *missione* da compiere; per quest'obiettivo fondamentale tutta la struttura organizzativa è indirizzata ad "ascoltare" il cliente, ad assecondare i suoi bisogni e i suoi desideri attuali e potenziali (bisogni latenti), cercando di rispondere con prontezza e flessibilità alle varie richieste. *Fattori critici di successo* sono quindi, oltre all'attività di produzione, vendita, commercializzazione e promozione del prodotto, anche le *capacità di anticipare e di assecondare il cliente, di renderlo pienamente* **soddisfatto**, di *catturare le sue preferenze* dimostrando una totale disponibilità nei suoi confronti. Le strategie orientate al cliente mirano a ricercare un **vantaggio competitivo** che deriva essenzialmente dalla preferenza che i consumatori, diventati esigenti e selettivi, attribuiscono ai prodotti e ai servizi di un'impresa piuttosto che a quelli di altre imprese.
Orientamento alla creazione di valore per gli azionisti	In tempi recenti le imprese, specialmente quelle di grandi dimensioni, stanno impostando il proprio orientamento strategico *sul soddisfacimento dei bisogni dei soggetti proprietari* e la loro attenzione è pertanto rivolta ad assecondare le loro aspettative di *guadagno (profittabilità dell'investimento azionario)*. Implicitamente si ritiene che *il valore prodotto da un'impresa sia misurabile dalle sue capacità di remunerare, attraverso l'erogazione di utili, i capitali di rischio in essa investiti*. L'attuazione di strategie volte alla creazione di valore per gli azionisti richiede *eccellenza nel management finanziario* e si focalizza sull'area del portafoglio, della gestione della tesoreria e sulla ricerca di nuovi capitali di rischio. In quest'ottica le scelte imprenditoriali si traducono talvolta in *una vera e propria cessazione ad accontentare gli azionisti offrendo loro profitti immediati*, senza considerare che l'agire sui mercati finanziari con operazioni spesso tendenti solo ad aumentare il valore corrente delle azioni, *nel lungo periodo può pregiudicare lo sviluppo futuro dell'attività aziendale*. Per questo l'orientamento strategico alla creazione di valore per gli azionisti è attualmente oggetto di critiche da parte di chi attribuisce all'impresa, quale centro di interessi che convolge più persone, una **responsabilità sociale** nei confronti di tutta la collettività e non solo di coloro che apportano i capitali di rischio. La stabilità e la crescita delle attività aziendali sono elementi fondamentali per garantire i livelli occupazionali e quindi per spingere l'intero sistema economico verso il benessere sociale.

STRATEGIE DI CONSOLIDAMENTO

Si attuano **strategie di consolidamento** nel caso in cui non vi sia la necessità di cambiare l'orientamento strategico fondamentale, riconoscendone la validità in generale.

In tal caso si effettueranno lievi modifiche o aggiustamenti.

Sono esempi di imprese che effettuano strategie di consolidamento quelle che pur lasciando sostanzialmente invariato il proprio orientamento strategico, mantengono la competitività sul mercato modificando metodi, sistemi di vendita e di distribuzione.

La Benetton, impresa produttrice di abbigliamento, assicura ai propri punti vendita la pronta consegna dei prodotti anche se questi sono riordinati in più momenti durante la stagione. In tal modo essa ha rotto il vincolo della tradizionale riduzione dell'assortimento dell'offerta man mano che la stagione avanza. Non cambiando sostanzialmente le proprie strategie (prodotto offerto, mercati penetrati, politiche pubblicitarie e vendita) tale impresa ha cercato di mantenere la propria competitività sul mercato semplicemente modificando la frequenza nella distribuzione dei prodotti.

STRATEGIE DI SVILUPPO

Sono invece attuate **strategie di sviluppo** nel caso in cui vi sia l'esigenza di *riconsiderare l'orientamento strategico fondamentale;* tali strategie modificano profondamente l'intera struttura organizzativa dell'impresa e comportano di regola una ristrutturazione delle attività aziendali. L'Honda, per esempio, con una politica molto aggressiva è riuscita a diventare leader né proprio mercato quando, negli anni 1950, si dedicò a soddisfare un nuovo tipo di domanda legata all'uso della moto come mezzo di svago piuttosto che come mezzo di trasporto. Visto il successo ottenuto, negli anni 1960 è entrata anche nel settore della produzione automobilistica, attuando forti investimenti di ampliamento nella capacità produttiva e nella gamma dei prodotti offerti.

LE STRATEGIE DELL'IMPRESA LEADERSHIP DI COSTO

L e imprese che ritengono che la chiave del successo nella competizione sia da ricercare nella capacità di produrre a costi più bassi rispetto a quelli sostenuti dalle imprese concorrenti, tendono principalmente all'ottimizzazione nello sfruttamento delle proprie capacità produttive e all'efficienza della propria struttura organizzativa.

L'obiettivo strategico di tali imprese è di fabbricare gli stessi prodotti della concorrenza, per qualsiasi mercato e rivolta a qualsiasi categoria di clienti, purché le funzioni generatrici di valore assorbano il *minor costo* possibile.

In virtù dei bassi costi sopportati, queste imprese possono praticare altrettanto *bassi prezzi di vendita*, ottenendo così le preferenze dei consumatori per la convenienza economica all'acquisto, ovviamente *rapportata alla qualità del prodotto*.

In pratica, *le strategie sono focalizzate a rafforzare aree strategiche quali la* **capacità produttiva** *o la* **crescita dimensionale**.

*OTTIMIZZAZIONE DELLA
CAPACITÀ PRODUTTIVA*

In una situazione di mercato non particolarmente favorevole allo sviluppo delle capacità produttive a causa di una limitata domanda aggregata presente sul mercato, o in periodi di recessione, le imprese industriali tendono a effettuare strategie rivolte alla **riduzione dei costi di fabbricazione** e a adottare **modelli organizzativi meno costosi**, ma allo stesso tempo **più flessibili**, in grado di consentire una maggiore prontezza nella risposta agli stimoli del mercato. Ciò è possibile attuando investimenti in tecnologia al fine di *migliorare le tecniche di produzione* e organizzando il ciclo produttivo in modo da *minimizzare gli sprechi di risorse e di tempo*. In tal senso possono essere considerate strategie che consentono l'ottimizzazione della capacità produttiva il *just in time*, il *lay-out* di produzione e la *flessibilità*.

JUSTI IN TIME

Il **just in time** è l'espressione di un insieme di tecniche produttive basate sul principio "produrre solo quanto e quando effettivamente richiesto". Con esso si punta a razionalizzare le produzioni attraverso la limitazione (o eliminazione) delle scorte e la riduzione sia dei tempi di preparazione e attrezzaggio degli impianti (*set up*) per il passaggio da una lavorazione all'altra, sia dei tempi d'attraversamento (*lead time*), cioè dei tempi che intercorrono fra l'entrata delle materie prime e l'uscita dei prodotti (riguardano quindi il magazzinaggio, i trasporti interni, i controlli, le attese, i tempi tecnici di lavorazione).

In tal modo, con l'eliminazione di quelle attività che non incrementano il valore dei prodotti, sono ridotti gli sprechi e non si incrementa il costo di fabbricazione.

LAY-OUT

Negli ultimi anni si è diffusa la tendenza a sistemare in uno stesso reparto tutti i macchinari, le attrezzature e i servizi di supporto (manutenzione) necessari per svolgere l'intero ciclo di lavorazione, creando della *Unità Tecnologiche Elementari* (UTE).

Così facendo si ottiene una rilevante *riduzione dei costi di trasporto interni* e delle scorte di semilavorati. La situazione era sostanzialmente diversa in passato: all'interno delle imprese vi erano grandi reparti contenenti macchinari specializzati, in grado di svolgere soltanto singole fasi del processo produttivo.

FLESSIBILITÀ PRODUTTIVA

La **flessibilità produttiva** richiede investimenti nell'automazione dei processi produttivi e negli impianti, in modo da consentire l'utilizzo in modo economico delle stesse macchine per la fabbricazione di prodotti diversi e quindi di variare, in base alle richieste di mercato, i rapporti quantitativi nel *mix* di produzione.

Esempi di imprese che perseguono l'obiettivo di *minimizzare i costi* attraverso la *flessibilità produttiva* sono costituiti dalle cartiere che, utilizzando gli stessi macchinari, producono moltissime varietà di carta.

CRESCITA DIMENSIONALE

La *leadership di costo* di un'impresa può essere realizzata anche con strategie rivolte ad *aumentare le dimensioni aziendali* che si risolvono in un *ampliamento della capacità produttiva degli impianti* (verticalizzazione). È possibile attuare tale strategia soltanto in situazioni particolari di mercato, come per esempio in una *fase congiunturale espansiva* accompagnata da un aumento della domanda del prodotto offerto dall'impresa. In tal caso il *poter produrre su larga scala consente l'abbattimento del costo unitario medio di fabbricazione*. Naturalmente, prima di effettuare investimenti di potenziamento della capacità produttiva, occorre che l'impresa sia certa della permanenza delle favorevoli condizioni di mercato.

LE STRATEGIE DI DIFFERENZIAZIONE

L e imprese industriali possono perseguire un orientamento strategico rivolto al cliente facendo leva, più che sui prezzi praticati, sulle caratteristiche distintive dei propri prodotti. Tuttavia questo non significa che tali imprese non considerino importante l'aspetto economico delle produzioni attuate, ma l'attenzione è prioritariamente rivolta a ottenere posizioni di vantaggio competitivo differenziando i propri prodotti da quelli offerti dalle imprese concorrenti.

Le strategie di differenziazione implicano che l'attenzione prevalente delle imprese industriali sia rivolta:

- A *migliorare* le **caratteristiche qualitative** del prodotto e/o dotarlo di **servizi** particolari;

- A *introdurre* **nuove tipologie** *di prodotti* che incorporano un maggior contenuto tecnologico.

DEFINIZIONE DEL PRODOTTO/SERVIZIO

Le imprese che effettuano strategie di innovazione sul piano *qualitativo* della produzione *offrono sempre lo stesso bene*, ma *lo migliorano, lo innovano* e *lo adattano* nel tempo alle mutevoli esigenze dei consumatori.

Le imprese automobilistiche attuano tipicamente strategie di differenziazione produttiva. Nel tempo esse hanno sempre continuato a produrre gli stessi beni (automobili); tuttavia tali beni sono stati notevolmente innovati e migliorati sia sul piano delle prestazioni tecniche sia nell'estetica, ma non è sostanzialmente cambiato l'utilizzo che il consumatore può fare.

Per stimolare le preferenze dei consumatori alcune imprese effettuano strategie rivolte a distinguere il proprio prodotto non solo e non tanto sul piano qualitativo, quanto per le *caratteristiche del* **servizio** *che a esso è abbinato*. Si pensi, per esempio, alla vendita di *beni che includono pacchetti di servizi*, come la pronta sostituzione in caso di guasto, il rimborso completo del prezzo pagato nel caso il prodotto non soddisfi le richieste del cliente (formula "soddisfatti o rimborsati"), l'assistenza tecnica a costo zero, la garanzia per un lungo periodo dopo l'acquisto e così via.

Le strategie di differenziazione basate sull'*innovazione* del prodotto e/o del servizio assumono un'importanza importante per le imprese che operano in *settori maturi*, dove la competitività è più accesa e dove diventa sempre più difficile realizzare prodotti veramente nuovi.

PROGRESSO TECNOLOGICO

L'introduzione di prodotti nuovi può essere effettuata solo dalle imprese industriali che *operano con un apparato produttivo tecnologicamente avanzato e offrono prodotti in cui è inclusa parte della tecnologia acquisita*. In tali imprese è importante l'*investimento in ricerca e sviluppo* che, se ben indirizzato, consente di ottenere prodotti tecnologicamente più avanzati e quindi *diversi* rispetto a quelli delle altre concorrenti.

Sviluppando la tecnologia si facilita la nascita di *nuovi prodotti* e di *nuovi mercati*.

Le imprese legate alla tecnologia di solito creano dei mercati; più che rispondere a delle *esigenze già esistenti*, esse seguono le loro *invenzioni* e producono ciò che nasce da tali invenzioni.

Appartengono a questa categoria le aziende farmaceutiche che, attraverso un'ampia attività di ricerca e sviluppo, riescono a immettere sul mercato farmaci nuovi, in grado di curare malattie prima non guaribili.

Un caso specifico di impiego della tecnologia è costituito dalla 3M: applicando le proprie conoscenze nel campo dei rivestimenti è riuscita a inventare i blocchetti notes *Post-it*. La DuPont, invece, con l'invenzione del nylon, ha accostato segmenti di mercato diversissimi tra loro: quello delle calze, dei pullover, delle canne da pesca, dei materiali da imballo e così via.

LE SOLUZIONI IMPRENDITORIALI

L e radicali innovazioni tecnologiche, della gestione e organizzative recentemente introdotte rendono possibile combinare l'esigenza di produrre a bassi costi con quella di ottenere produzioni differenti.

Grazie all'automazione degli impianti e all'introduzione delle tecnologie informatiche applicate ai processi produttivi è possibile utilizzare le stesse attrezzature per fabbricare prodotti diversi, variando non soltanto quantitativamente, ma anche qualitativamente il *mix* dell'offerta sul mercato, secondo le esigenze dei consumatori.

Allo stesso modo, attribuendo particolare attenzione alla progettazione dei prodotti e alla scelta dei fornitori, si ottiene contemporaneamente sia un *miglioramento della qualità dei prodotti*, sia una ragguardevole *riduzione dei costi di produzione*, evitando di effettuare lavorazioni non soddisfacenti, perché al di sotto agli standard richiesti.

Tutte le imprese **orientate al cliente** considerano essenziale, ai fini del successo delle loro strategie, sviluppare la *capacità di rispondere con prontezza* e *precisione* alle mutevoli richieste dei consumatori.

Esse, perciò, abbinano alle *tecniche d'ottimizzazione della capacità produttiva* soluzioni organizzative che portano ad una *produzione più snella e flessibile* (*lean production*) e adottano i sistemi della gestione del *time to market* proponendo una nuova concezione di *qualità totale* in grado di favorire la fidelizzazione dei consumatori.

LEAN PRODUCTION

La **produzione snella** (*lean production*) s'ispira al principio "usa meno di tutto per ottenere di più" e si basa sulla frammentazione del sistema aziendale in piccoli sottosistemi, nei quali si lavora in *team*, ossia in modo collettivo e senza una gerarchia stabile. Le produzioni comportano perciò *meno scorte, meno lavoro, meno sprechi, meno difetti, minori tempi di produzione, minor numero di fornitori per ottenere più varianti di prodotti, più qualità e più servizi per i clienti.*

TIME TO MARKET

Il **time to market** si concretizza nella *riduzione dell'intervallo intercorrente tra la decisione di fabbricare un nuovo prodotto e il suo lancio sul mercato.*

Essere in grado Essere in grado di progettare, realizzare e porre in vendita un nuovo prodotto in tempi brevi vuol dire seguire meglio *l'evoluzione dei gusti della clientela* e ottenere quindi un *forte vantaggio competitivo.*

Il coordinamento tra le attività di progettazione, produzione e marketing, cioè l'integrazione delle funzioni, effettuato già in fase di concezione dei nuovi prodotti, ne abbrevia i tempi di immissione sui mercati. Inoltre l'impresa può e deve sfruttare al massimo le innovazioni tecnologiche utilizzando impianti e macchinari sofisticati e automatizzati, che consentono di ottenere grande flessibilità produttiva e pertanto di variare il volume della produzione e le sue caratteristiche.

La **qualità totale** *è l'insieme delle proprietà che soddisfano le esigenze del cliente; non è però l'impresa che stabilisce quali sono le* **caratteristiche** *che deve avere il prodotto ma, al contrario, esse vengono* **definite** *dal* **consumatore** *stesso.*

Una volta il problema della qualità era indicato nella realizzazione di prodotti senza difetti, successivamente si è ampliato all'affidabilità dei prodotti nel tempo e all'abbinamento "prodotti + servizi" in vista della piena soddisfazione della clientela.

Il concetto di qualità è infine dilatato ulteriormente e oggi si esprime nell'**eccellenza** dell'impresa sul mercato; tale *eccellenza* si manifesta in prodotti e in processi di *massimo livello*, in una platea di clienti fedeli alla marca, in alte percentuali di vendita sul totale complessivo del settore e soprattutto in un'ottima **immagine** dell'impresa non solo in campo commerciale, ma anche in quello etico sociale.

L'obiettivo della qualità totale può essere raggiunto con l'applicazione di un nuovo sistema detto *sistema di gestione per la qualità*.

L'attuazione di un **sistema di gestione per la qualità** (*quality management system*) consente da un lato l'**ottimizzazione delle risorse interne** impiegate nei processi di fabbricazione e dall'altro il **soddisfacimento dei consumatori** permettendo così il ritorno monetario in termini di utili percepiti dai proprietari dell'impresa.

In particolare, i consumatori possono considerare affidabili i prodotti e servizi offerti da tali imprese poiché l'applicazione del sistema di gestione per la qualità totale implica il rispetto di alcune "*norme*" *nazionali e internazionali*. Tali "norme" consistono in specificazioni tecniche emanate da organismi pubblicamente riconosciuti, tra i quali i principali sono l'ISO (*International Standardization Organization*) che opera a livello mondiale, il CEN (*Comité Européen de Normalization*) che agisce a livello europeo e l'UNI (*Ente nazionale italiano di unificazione*) che opera a livello nazionale. Tali organismi stabiliscono i *criteri* e le *tecniche* che devono essere sistematicamente applicati per garantire che i materiali, i processi di produzione e di distribuzione, i prodotti e i servizi offerti siano appropriati.